SOLILOQUES SCEPTIQUES

par

LA MOTHE LE VAYER

Réimprimé sur l'édition unique de 1670

PARIS
Isidore LISEUX, *5, Rue Scribe*
1875

SOLILOQUES

SCEPTIQUES

TU PENSES J'ŒUVRE

C. MOTTEROZ

SOLILOQUES SCEPTIQUES

par

LA MOTHE LE VAYER

Réimprimé sur l'édition unique de 1670

PARIS
Isidore LISEUX, 5, Rue Scribe
1875

Ce petit ouvrâge ne se trouve pas dans les collections des Œuvres de La Mothe Le Vayer, notamment dans celle de 1669 (15 vol. in-12) ; il ne fut publié que l'année suivante (1), en même temps que l'*Hexaméron rustique*, également exclu de ces collections. L'auteur avait alors 82 ans.

C'était un sage à la manière antique, et nous ne pouvions mieux choisir que ces pages pour donner une idée de sa philosophie. Elles montrent comment le scepticisme absolu en toutes matières, religions, morale, esthétique, histoire, se concilie aisément avec la soumission aux mystères du Christianisme. Il n'y a, pour cela, qu'à être de son temps et de son pays. On a un

(1) Paris, *Louis Billaine*, 1670, petit in-12.

salon rempli d'idoles en or, en marbre, en plâtre : au milieu, ce « grand Dieu pendu » dont parle Bossuet. Livré aux seules lumières de la science, on hésite : l'embarras est grand, le choix difficile; mais, encore une fois, on est de son époque, et l'on se fait pardonner ses doutes en déclarant, avec Saint Paul, qu'on ne sait rien, « sinon Jésus-Christ crucifié » (1).

Ainsi l'on vit, tranquille et honoré, l'espace de quatre-vingt-quatre ans; ainsi l'on est précepteur de Louis XIV, et, plus heureux que certain philosophe de nos jours, on a pour collègues à l'Académie Française des évêques, Bossuet lui-même, qui ne s'offensent pas de collaborer avec vous à un dictionnaire, parce que vous avez l'audace de penser et d'écrire librement.

I. L.

(1) Page 8.

AU LECTEUR

Ne vous estonnez pas que je me serve du mot de Soliloques, peu connu dans nostre langue; il ne l'est guères davantage dans la Latine où Saint Augustin l'a emploié; et tous ceux qui ont traduit ses œuvres en François, n'ont pas fait difficulté de le retenir : c'est un entretien secret avec soi-mesme, qui respond au-

cunement aux à parte *si fréquens sur le Théâtre des Italiens, et que le nostre, aussi bien que celui des Espagnols, et des Anglois, n'ont pas rejetté. Je sçai bien qu'on les a condamnez comme ridicules, veu le peu d'apparence qui se trouve à présupposer, qu'un Acteur puisse prononcer tout bas, sans estre entendu de celui qui n'est qu'à deux pas de lui, ce que tous les Auditeurs du parterre, pour esloignez qu'ils soient, doivent entendre. Mais puisque tout ce que les Théâtres des Grecs et des Latins ont representé, aussi bien que les nostres par imitation, n'est que fable, et une pure imposition ou mensonge; pourquoi n'admettra-t-on pas une chose de si peu de conséquence, à cause qu'elle n'est pas vraisemblable? On oblige bien les Spectateurs à prendre un chasteau de carte pour l'Acrocorinthe, ou quelque autre forteresse semblable; et un petit coin du lieu où se joue la Comédie, pour tout le païs Attique. Pourquoi, encore un coup, feroient-ils difficulté de se laisser tromper par un* à parte, *prononcé d'une voix contrainte, comme l'on fait, nonobstant que cela choque les sens, de la façon que nous l'avons remarqué? En vérité l'apparence est moindre, et le raisonnement se trouve beaucoup plus offensé aux premières tromperies, et autres pareilles dont le Théâtre est continuellement rempli, qu'aux* à parte *qui sont rares, et qui ne durent qu'un moment. J'ai assez d'années pour escrire qu'autrefois ces façons de parler estoient en usage :* j'ai dit à part-moi, *et* il a dit à part-soi, *dont l'on ne se sert plus, et qui respondent aux* à parte *des Italiens. Mais pour revenir aux Soliloques, il ne s'est pas trouvé moins de personnes qui les ont voulu généralement censurer, que de celles dont nous venons de parler qui ont condamné les* à parte*; et les Italiens mesme, nonobstant la pratique de leur Théâtre, n'ont pas laissé de prononcer en commun proverbe* il parlar solo, è da pazzo, *comme s'il n'y avoit que des fous qui parlassent à eux-mesmes. Si est-ce que l'exemple des*

Pythagoriciens dans leurs entretiens secrets, et leur examen journalier de conscience, que Sénèque pratiquoit tout les soirs à leur exemple, me font estre d'un avis bien différent. Ce grand Précepteur de la Morale de son siècle nous représente dans le sixiéme livre de la Cholère, qu'il addresse à Novatus, au chapitre trente-sixième, comme à l'exemple du Philosophe Sextius, il s'interrogeoit lui-mesme tous les soirs, et s'addressant à son âme, lui demandoit compte de ce qui s'estoit passé durant la journée : quotidie, *dit-il,* apud me causam dico; *repassant sur ses fautes dans le secret du lict, que sa femme Pauline faite à ce mystère ne troubloit jamais : il ne se les pardonnoit qu'à la charge de n'y plus retomber, et se prononçoit, en forme de jugement, ces propres termes :* Vide ne istud amplius facias, nunc tibi ignosco. *De tels Soliloques, et ceux du Docteur de la Grâce, m'empescheront bien de les condamner, comme plusieurs ont fait. Mais puisqu'il n'y a rien de plus naturel, ni aussi de plus ordinaire aux hommes, que de se tromper, pardonnons aux autres leurs erreurs, afin qu'on excuse les nostres.*

SOLILOQUES

SCEPTIQUES

PREMIER SOLILOQUE

Le plus important précepte de la science, est de sçavoir qu'il y a des choses qui ne méritent pas d'estre sceues; ce que Quintilien a dit particulièrement de quelques notions grammaticales. Mais il y en a d'autres qu'on peut dire estre absolument hors de la portée de nostre esprit, qui est trop profondément plongé dans la matière, pour bien reconnoistre ce qui en est dégagé. Cependant c'est une des principales, et des plus ordinaires maladies de l'homme, d'estre travaillé d'une curiosité inquiète pour des choses qu'il ne peut sçavoir, et qu'il lui est vraisemblablement plus avantageux d'ignorer, que d'en prendre connoissance, puisque Dieu a limité la sphère d'activité de son âme, qui ne peut pas pénétrer jusques-là. Ainsi l'on peut soustenir que c'est une espèce d'intempérance très-pernicieuse, de vouloir sçavoir plus qu'il ne faut, et que le Ciel ne nous le permet, *plus velle scire quam sit satis, intemperantiæ genus est,* comme un Payen mesme l'a reconnu. Saint Augustin rapporte au septième livre de la *Cité de Dieu* la mesme pensée expliquée par Varron en termes différens, quand ce sçavant Romain déclare que s'il parle des choses Divines, c'est à la façon de

Xénophanes Colophonien, qui protestoit que ce qu'il en escrivoit, n'estoit pas pour le faire passer comme une chose certaine, mais seulement comme une pensée douteuse qu'il en avoit; l'homme ne pouvant posséder là-dessus que des opinions incertaines, parce que la connoissance asseurée en est réservée à Dieu seul. *Quid putem, non quid contendam, ponam; hominis enim est hæc opinari, Dei scire.* Cela me fait remarquer avec estime la prudence du Mosti des Turcs, qui est à peu près parmi eux, et dans leur Religion, ce qu'est parmi nous le souverain Pontife. Il ne rend jamais de jugement sur ce qui lui est proposé, et ne prononce point sa sentence, qui s'appelle en sa langue *Festa*, sans adjouter à la fin : *Dieu le sçait mieux*. Certes, tout bien considéré, je me confirme dans cette doctrine, que hors les véritez révélées d'en-haut, et que la vraie Religion nous enseigne, l'on peut sans crime demeurer irrésolu, et sans rien déterminer sur tout le reste. Je vois tous les hommes ainsi faits, qu'ils se moquent, en suivant leurs fantaisies, les uns des autres, au mesme tems qu'ils pensent tous avoir raison. Mais pour moi, je ne veux pas me laisser emporter par le torrent de la multitude. *Non posso accommodarmi a cantare, e far concerto, con quasi tutti gli altri huomini, il questo particulare,* comme parle cet Italien.

SECOND SOLILOQUE

J'avoue que le désir d'apprendre et de sçavoir est naturel à l'homme, *omnes homines scire desiderant*, dit le maistre de l'Eschole. Mais j'adjouste à cet axiôme, que ce mesme desir ne nous distingue pas moins des autres animaux, que la raison, dont nous faisons nostre préciput; lorsque nous les nommons tous desraisonnables, comme s'il n'y avoit que l'homme qui sceust bien discourir, et tirer de bonnes et raisonnables conséquences. Si est-ce que ceux qui ont pris la pene d'observer ces mesmes animaux, ont apperceu en beaucoup d'entre eux des estincelles d'une raison que nous avons voulu nommer imparfaite, bien que Galien, et assez d'autres Philosophes n'aient pas fait difficulté de prononcer, qu'elle ne diffère de la nostre que selon le plus et le moins, qui par la doctrine des Colléges ne change point l'espèce, *plus et minus non mutant speciem*. Il n'en est pas de mesme de ce désir ardent de s'instruire, tout particulier à l'homme; sans qu'il se remarque aucun véritable signe d'une pareille envie aux animaux. Au lieu donc de définir l'homme un animal raisonnable, je trouverois moins d'inconvénient à le nommer un animal désireux de sçavoir, et je penserois former par ces termes une plus juste définition. Mais si la Nature n'imprime point dans nos âmes de vains désirs, et qui ne puissent réussir, comme quelques-uns l'ont soustenu, il s'ensuivroit que la science nous seroit comme naturelle, et que nous pourrions tous l'acquérir; ce qui n'est peut-estre pas vrai, l'ignorance, selon beaucoup des plus ingénus Philosophes, paroissant estre bien plutost de l'appennage de nostre humanité, que la science, comme je m'en suis souvent assez expliqué ailleurs. En vérité, si nous y prenons garde de près, et si nous voulons reconnoistre franchement ce qui en est, l'homme n'est pas capable de sçavoir la raison d'autre chose, que de ce qu'il exécute à sa mode, ni comprendre d'autres sciences, que celles dont il fait soi-mesme les principes ; ce qui se peut facilement prouver en considérant de bonne sorte les Mathématiques. O la belle maxime d'État, qui fait, ce semble, subsister cette grande Monarchie de Moscovie ! d'estre dans l'ignorance de ce que nous appellons les belles lettres, selon que toutes les relations qui en parlent le font voir. Hors ce que l'auteur de nostre estre nous a révélé, et que la Foi Chrétienne nous oblige de tenir pour très-certain, il n'y a rien que l'esprit humain ne rende douteux et problématique. C'est ce qui a fait dire si excellemment à Saint Paul écrivant aux Corinthiens (1),

(1) Ep. 1. c. 2.

qu'il ne sçavoit rien sinon JÉSUS-CHRIST crucifié.

TROISIÈME SOLILOQUE

Je ne puis que je n'approuve beaucoup l'interprétation mystérieuse de quelques Pères, qui ont pris ce que rapporte Ezéchiel de certaines eaux qu'on passe aisément lorsqu'on n'en a que jusques aux talons, et mesme que jusques aux genous et jusques aux reins; mais qu'il n'est pas possible de traverser sans se perdre, si l'on pense pénétrer plus avant. Ils croient que le Prophète veut signifier ce qui arrive aux personnes curieuses et téméraires, qui peuvent bien prendre quelque connoissance d'abord des choses humaines, et mesme pénétrer jusques à de certaines petites notions des Divines; mais qui se perdent indubitablement, s'ils pensent aller plus avant, et s'informer également de celles que Dieu a mises au-dessus de la capacité de nostre esprit, *hæc nos Deus mirari voluit, scire noluit*. C'est-là qu'il faut dire ce que les Turcs prononcent sur tout ce qui leur paroist douteux, *Allah bilut*, Dieu le sçait. Nostre raison qui nous rend si glorieux, est enfin contrainte d'avouer dans sa plus haute élévation, qu'il y a une infinité de choses qui la surpassent, et qu'il n'y a rien de si conforme à elle-mesme, si elle est juste et bien réglée, que de désavouer ses plus subtils discours en tout ce qui concerne la Foi, où elle ne sçauroit trop s'humilier, ni trop reconnoistre sa foiblesse, ou, pour mieux dire, son aveuglement.

Certes, Saint Augustin a eu grand sujet d'escrire dans la *Cité de Dieu,* qu'à l'égard de la Morale mesme, il valoit beaucoup mieux tenir ses préceptes de la Foi, que de nostre raison humaine, qui varie sans cesse, et qui n'est constante que dans son inconstance. Elle ne peut faire ses opérations, qu'elle ne s'appuie sur ce que nos sens lui suggèrent ; et nous sommes enfin contraints d'avouer que ces mesmes sens, et nostre raison, s'entre-abusent à qui mieux mieux. En voulez-vous une plus forte preuve, que de considérer comme ce qui est juste et approuvé en France, est réputé mauvais et improuvé, je ne dirai pas, à la Chine, ni au Japon, mais parmi nos plus proches voisins ? Estrange et ridicule Morale, que les Alpes et les Pyrénées diversifient, ou un filet d'eau, tel que celui qui nous sépare de l'Angleterre, et celui qui divise l'Espagne d'une Province d'Afrique qui lui est opposée!

QUATRIÈME SOLILOQUE

Il n'y a personne qui ne ressente je ne sçai quoi de pénible dans son esprit, lorsqu'il commence à raisonner sur les choses du Ciel, où il ne trouve pas que sa Logique et ses principes s'accordent avec ce qu'il avoit receu pour bon aveuglement jusques-là, sans rien examiner. Horace exprime cela dans une de ses Odes (1) en ces termes :

Parcus Deorum cultor et infrequens,
Insanientis dum sapientiæ
Consultus erro, nunc retrorsum
Vela dare, atque iterare cursus
Cogor relictos.

(1) L. 1. ode 34.

La secte de Démocrite, la Cyrénaïque, et celle d'Épicure, lui avoient donné de mauvaises opinions de la Providence, comme si les choses d'ici-bas estoient indifférentes à Dieu, parce qu'elles paroissoient à ces philosophes indignes de son occupation. La syndérèse et un remors de conscience fait qu'Horace nomme à bon droit cette pensée *insanientem sapientiam,* une folle sagesse. Et Lucrèce, plus ancien que lui, appréhendoit de parler mal des choses divines, sur ces mesmes fondemens contraires à toute sorte de Religions : ce qui lui fait dire à son Lecteur :

> *Illud in his rebus vereor ne forte rearis*
> *Impia te rationis inire elementa, viamque*
> *Endogredi sceleris.*

Tout le monde est touché de cette crainte, si Dieu ne l'a tout-à-fait abandonné à un sens reprouvé. Il n'y a que la Foi qui, dans la vraie Religion, nous empesche de déférer aux tentations que l'ennemi de nostre repos et de nostre salut nous suggère sur ce qui regarde le Ciel. Il a bientost séduit les plus grossiers, parce que, selon le mot de l'Ecclésiastique, les simples se rendent aux premières apparences trompeuses d'un dangereux discours, et sont aussi faciles à persuader, qu'un enfant est aisément fait pleurer : *a facie verbi parturit fatuus, tanquam gemitus partus infantis.* Certes l'on se doit bien garder de soumettre les véritez constantes de la vraie Religion, qui nous ont esté révélées d'en-haut, au raisonnement humain, parce que si vous pensez accommoder la foi au discours qu'on peut former sur ce qu'elle enseigne, chacun prétendra avoir droit d'en penser à sa mode, n'y aiant rien de si divers que l'esprit de l'homme; et ainsi cette foi ne sera plus une comme elle doit estre. Il faut avaler sans mascher ce qu'elle prescrit, comme une médecine salutaire qui guérit au dedans si on ne la rejette point, ce qui arrive à ceux qui la veulent trop savourer. Si vous voulez l'accorder de tout point avec les sciences humaines, vous la ruinez absolument, parce que selon le mot de l'Eschole, *posita scientia tollitur fides, sicut posita fruitione tollitur spes*. En effet on ne croit pas les choses qu'on sçait, ce qui donna lieu à Pomponace de se délivrer des mains de l'Inquisition où il estoit, pour avoir dit nettement dans sa chaire de Professeur en Philosophie, qu'il ne croioit pas l'immortalité de l'âme. Ne pouvant pas nier d'avoir ainsi parlé, à cause qu'on lui produisoit des tesmoins irréprochables, il s'avisa d'interpréter son dire en l'avouant, avec cette solution, qu'il sçavoit et enseignoit démonstrativement que nos âmes estoient immortelles; ce qui faisoit qu'il ne tenoit pas cela de la foi, par cette raison d'Albert le Grand, emploiée mesme par lui contre Augustinus Niphus (1), *quod credita cum scitis non conveniunt, et principia fidei cum principiis naturalibus*. Un serviteur nommé Chalinus se sert de cette raison dans la *Cassine* de Plaute (2), avec ces propres termes : *At pol ego haud credo, sed certo scio;* voulant dire qu'on ne croit pas les choses que l'on sçait. Aussi y a-t-il grande différence entre sçavoir, et croire, selon que Saint-Thomas définit ce dernier : *Credere est actus intellectus assentientis divinæ voluntati, ex imperio voluntatis a Deo motæ per gratiam*. La foi donc qui règle nostre créance, est

(1) In defensorio, c. 27. circa fin.
(2) Act. 2. sc. 26.

tout autrement seure que la science humaine, où tout est incertain; d'où vient la détermination du Concile de Nicée (1), *Dubius in fide, infidelis est.* On ne sçauroit sans crime suspendre tant soit peu sa créance en ce qui touche la foi, ni révoquer en doute le moindre de ses articles sans pécher.

CINQUIÈME SOLILOQUE

Mais n'est-il point à craindre, qu'establissant ainsi le doute partout, excepté aux choses qui regardent nostre salut, et qui nous ont esté révélées d'en-haut selon que l'Église nous l'enseigne, toute la société civile n'en souffre beaucoup, parce que ne res-

(1) Baron. tom. II.

tant plus rien au surplus dans la nature que de problématique parmi les hommes, selon que leur esprit est ingénieux à défendre opiniastrément ce qu'il s'est une fois imaginé, ils vivront dans des contestations perpétuelles? Car personne n'ignore le mot de Protagore, que tout peut estre disputé, *de omni re in utramque partem disputari posse ex æquo, et de hac ipsa, an omnis res in utramque partem disputabilis sit.* Combien de grands personnages y a-t-il eu, que Sénèque nomme dans une de ses Épistres (1), qui ont esté du mesme sentiment, Nausiphane, Parménide, Zénon Élate, avec une infinité de sectes entières qu'il cite, dont l'Eschole présupposoit le mesme sentiment. Si l'on dit que Platon, et assez d'autres excellens Philosophes ont esté d'une opinion contraire, c'est ce qui peut

(1) Ep. 88.

donner le plus d'inquiétude, s'il est soustenable qu'on doive croire chacun en son art, puisqu'ils ont esté tous d'une mesme profession, qui alloit à rechercher curieusement la vérité. Outre cela Aristote, le plus grand Dogmatique de tous, et le plus affirmatif, nie cette proposition au troisieme livre de ses *Politiques*, chapitre onzième, où il establit pour constant, qu'en toute sorte d'arts, ceux qui les ignorent, jugent mieux de ce que ces mesmes arts produisent, que les meilleurs Artisans qui travaillent avec toute sorte d'industrie. Ainsi, dit-il, un père de famille juge avec plus de discernement de la disposition commode d'une maison, que son Architecte. Un Pilote reconnoist mieux si le gouvernail de son vaisseau est bien fabriqué, que celui qui l'a fait. Et les convives dans un festin portent meilleur jugement de l'apprest des viandes qui s'y trouvent, que le Cuisinier qui les a assaisonnées. Il passe jusques-là que les Musiciens, ni les Poëtes ne sont pas les plus capables juges de leurs ouvrages. Ne tenons donc pas pour indubitable, que chacun doive toujours estre cru, et prononcer définitivement dans sa profession.

SIXIÈME SOLILOQUE

L'opinion a esté fort bien nommée par Héraclite ἱερὰν νόσον, *sacrum morbum;* c'est une maladie populaire, une épilepsie qui mérite ce nom, puisqu'elle occupe et infecte la plus noble et la plus sacrée partie de l'homme, qui est l'âme, *quod sanctissimam hominis partem, hoc est, animæ rationalis domicilium præcipue infestet.* Elle le fait avec tant d'attachement et de fermeté, qu'elle a donné lieu au mot d'Opiniastreté, qui est un mal d'obstination presque insurmontable. Mais il ne faut pas croire, que sous cette appellation de peuple, il n'y ait que la plus vile partie des Communautez de comprise. Le vulgaire, puisqu'on se sert encore de ce terme pour désigner des gens de la plus basse estoffe, est souvent toute autre chose que ce que l'on pense. La pourpre, et le cordon bleu, en font parfois partie, quoique ceux qui s'en parent indignement, se croient estre beaucoup au dessus. Tant y a que quand la pluspart du monde a une fois épousé une opinion, pour absurde qu'elle soit, et que parlant comme l'on fait au delà des Alpes, *il Mondo è infinocchiato d'una opinione*, sa fausseté ne la fait guères quiter; au contraire l'on se roidit souvent d'autant plus à la maintenir, qu'elle est desraisonnable et absolument opposée à la vérité, qui n'est ni escoutée ni comprise par la folle et ignorante multitude : outre qu'on s'imagine qu'il y a plus d'adresse à maintenir le faux que le vrai. La pitié est que cet entestement est fort contagieux, et qu'il fait trébucher les uns sur les autres dans la foule ceux qui en sont touchez, sans qu'ils sentent leur mal, croiant toujours au contraire n'avoir que de très-bonnes pensées. Or ce n'est pas le moien de guérir leur infirmité d'establir l'incertitude de toutes choses, puisque s'il n'y a rien que de douteux, ils sont excusables de ne quiter pas leurs fantaisies erronnées, pour en prendre d'autres qui ne valent pas mieux. Ainsi le meilleur sera de laisser le monde en l'estat qu'il est, et de suivre le précepte que Saint Paul donne à Timothée (1), de

(1) Ep. 2. c. 1.

ne s'eschauffer point en des disputes fascheuses, *non contendere verbis*, μὴ λογομαχεῖν, comme estant une chose inutile. Si vous croiez avoir raison contre un antagoniste qui la mesprise, ou qui ne l'entend pas, cédez-lui la victoire en riant, comme je l'ai veu faire avec adresse, *porrige herbam*, *sed ut bestiæ*. En vérité celui-là avoit quelque sujet, ce semble, de soustenir que la raison estoit contre l'ordre de nature, veu que les hommes raisonnables ne lui paroissoient pas moins rares, que les monstres. Quoi qu'il en soit, la sentence d'Aristote n'est pas ici peu considérable, encore qu'il ne l'ait pas toujours suivie, *stultas opiniones admodum destruere stultissimum est*. Il faut pardonner avec mespris à des syncopes de raison, et des béveues spirituelles ou d'entendement, à qui les Grecs ont donné le nom de παρόραμα, et que nous remarquons parfois en ceux avec qui nous contestons, soit de vive voix, soit par écrit, puisqu'en tout cas on ne sçauroit trop déférer à l'aphorisme de ce sçavant Père de l'Église, *melius est dubitare de occultis quam litigare de incertis.* Nous ne nous repentirons jamais de nous y estre tenus.

SEPTIÈME SOLILOQUE

Quelques-uns pourroient penser là-dessus, qu'il est plus à-propos de garder un perpétuel silence, que de l'expliquer en quelque façon que ce soit, puisqu'on ne peut rien dire de solide, toutes choses aiant deux anses, et pouvant estres prises diversement comme incertaines et problématiques.

J'avoue que le silence tient lieu souvent de nourriture à l'ame, estant pour cette considération très-recommandable, quoi qu'il faille aussi tomber d'accord qu'il est parfois l'asyle et le refuge d'une parfaite ignorance, qui se cache sous son ombre. D'ailleurs généralement parlant, l'avantage du silence est tout visible, en ce que celuy qui parle se vuide, et que celuy qui écoute se remplit. J'ai fait plus d'une fois cette réflexion dont je me veus souvenir ici, que l'Écho mesme, toute babillarde fille qu'elle est dans la fable, nous fait leçon du péril qu'il y a de communiquer à d'autres des pensées d'importance, veu qu'estant une fois sorties de chez nous, les pierres, et les rochers ne s'en peuvent taire, et les redisent. Le silence de cinq ans des Pythagoriciens, et celuy des Cardinaux qui n'oseroient parler, et sont comme muets, jusques à ce que le

Pape leur ouvre la bouche, peuvent servir d'instruction là-dessus. C'est ce qui fait prononcer proverbialement aux Espagnols, *callar, y obrar, por la tierra, y por la mar ;* et les Arabes ont cet adage qui va au mesme sens, *duobus modis pereunt homines, abundantia opum, et abundantia sermonis ;* au lieu que selon Salomon (1), *qui custodit os suum, custodit animam suam*, et que suivant sa doctrine, *stultus quoque si tacuit, sapiens reputabitur, et si compresserit labia sua, intelligens.* Si est-ce qu'outre qu'il y a des silences trompeurs et dissimulez, on peut soustenir qu'on ne sçauroit juger des hommes que par leurs actions, et par leurs discours. Parle, disoit un ancien, si tu veux que je te connoisse, *loquere, ut te videam.* En effet l'action, qui comprend la parole, est la

(1) Prov. c. 13. et 17.

mesure de l'estre, et les choses ne sont, à le bien prendre, qu'autant qu'elles agissent, et qu'elles se font connoistre de l'une ou de l'autre manière, en faisant ou en parlant. Cependant comme l'inaction et la fainéantise, qu'Amasis vouloit estre punie de mort, est nommée par les Italiens le vice des honnestes gens, et que selon eux, *il lavorar è mestier da buoi;* le silence de mesme a ses partisans qui en font leur capital, et d'autres qui ne le peuvent souffrir, parce, disent-ils, qu'un oiseau muet ne fait point d'augure, *ave muda non hazeaguero*, c'est l'Espagnol qui parle ainsi. Certes il n'y a point de médaille qui n'ait un revers, ni de si beau précepte de morale, qui ne soit diversement envisagé.

HUITIÈME SOLILOQUE

La beauté, qui passe pour la plus aimable chose qui se puisse voir, et qui appelle tout le monde à soi, καλὸν παρὰ τὸ καλεῖν, nous fournira un bel exemple de ce divers envisagement. Les charmes de la beauté sont tels, qu'elle se rend maistresse des sages les plus modérez, et des conquérans les plus invincibles. C'est ce qui la fit nommer à Socrate, une tyrannie de peu de temps; ce qui obligea Platon de soustenir qu'il n'y avoit rien de beau, qui ne fust encore bon; et ce qui a contraint Aristote d'écrire que cette beauté portoit avec elle plus de recommandation, que quelque lettre de faveur qu'on pust obtenir, παντὸς ἐπιστολίου συστατικότερον. Et véritablement elle donna lieu aux premières Monarchies du siècle d'or, les peuples obéissant volontairement : de sorte qu'alors on ne voioit point de rebelles qui ne fussent aveugles. Encore aujourd'huy toutes les conditions de la vie cherchent dans la beauté ce qui les doit faire estimer. Le Soldat met sa gloire à posséder un beau cheval, et des armes bien polies. Un Peintre n'est en réputation, que par la beauté de ses tableaux ; ni un Orateur que par celle de ses périodes. Or ce n'est pas merveille que nostre humanité considère si fort un agréable aspect, veu que la beauté du corps qui se voit, est ordinairement l'image de l'esprit qui l'informe ; les perfections internes engendrant les externes, jusques aux pierreries, dont l'éclat procède de la juste mixtion des éléments au dedans. Cependant à cause de l'infidelle compagnie qui se trouve entre la vertu et la beauté, *raram facit mixturam cum sapientia forma*, beaucoup de gens ont dressé de grandes invectives contre la dernière, qui se fait principalement estimer lors que le sexe feminin s'en peut prévaloir. Car pour les hommes ils doivent prendre ailleurs leur avantage; ce qui a fait dire à l'Ecclésiastique: *Non laudes virum in facie sua, nec spernas hominem in visu suo.* Et la réflexion de Galien me semble fort juste, qu'Homère n'ayant parlé qu'une fois de Nirée comme du plus beau des Princes Grecs, il a voulu donner à comprendre que les beaux hommes ne sont presque bons à rien. C'est contre les belles Dames que la Satyre s'exerce ici, comme s'il n'y avoit que les laides qui pussent se garantir du vice, *casta quam nemo rogavit.* Encore voudroit-on rendre injustement la pudicité de celles-cy mesprisable, par cette mauvaise raison, que leur âme n'a pas toujours esté chaste, dans une volonté corrompue : *Quæ malam faciem habent sæpius pudicæ sunt, non animus illis deest, sed corruptor*, comme en parle Sénèque dans une de ses Controverses. Je me souviens de la raillerie de celuy qui disoit d'une fille peu aimable, que Dieu pour la sauver avoit mis son âme en sauveté, dans un corps que personne ne pouvoit aimer. On ne sçauroit nier à l'égard des belles, que leur humeur superbe ne les fasse parfois haïr. Car comme l'avoue Ovide, leur plus grand amy (1),

Fastus inest pulchris, sequiturque superbia formam.

Et néantmoins l'on peut dire à la plus agréable de toutes, *quid excolis formam? cum omnia feceris, a multis animalibus decore vinceris* (2).

(1) Fast. l. 1.
(2) Sen. ep. ult.

Il est impossible, dit Diodore Sicilien, d'avoir jamais autant de beauté, que cet animal à qui elle a fait donner le nom de *Cepus*, κῆπος, parce que la veue de tous les jardins ne peut réjouir ni satisfaire comme la sienne. Ce sont néantmoins des beautez d'un ordre si différent, que j'ay de la pene à souffrir cette comparaison.

NEUVIÈME SOLILOQUE

Si la Beauté a eu des adversaires qui l'ont mesprisée, ce n'est pas merveille que quelques-uns aient pris plaisir à préférer une caduque vieillesse aux impétuositez d'une bouillante jeunesse. Car quoique le vieil Caton (1) n'approuvast pas le proverbe déja usité de son tems, qu'on

(1) Cic. lib. de Senect.

se devoit rendre vieil de bonne heure, afin de l'estre longtems, ce qui semble donner de l'avantage à l'âge avancé sur celui qui l'a précédé; il est pourtant vrai que ses devanciers et ceux qui ont vescu depuis luy, se sont déclarez pour le proverbe contre le sentiment de Caton. J'avoue que la jeunesse a des emportemens qu'on ne sçauroit assez condamner, ce qui a fait qu'Aristote n'a pas feint d'escrire (1), que contrevenant au précepte du sage Chilon, les jeunes gens font toutes choses avec excès, *omnia nimis agunt.* La modération des vieillards a quelque avantage pour ce regard, quoique Saint Basile (2) ait prononcé contre elle, qu'elle estoit plutost une impuissance de continuer les désordres de la jeunesse, qu'une vraie tempérance: *Temperantia in*

(1) Rhet. l. 2. v. 12.
(2) Conc. 8. de Pœn.

senectute, non temperantia est, sed lasciviendi impotentia. C'est une triste chose d'avoir recours à la Fable, pour dire que les Cygnes blancs qui tirent le char de Vénus, signifient qu'elle n'est pas ennemie des testes blanches, qui peuvent encore se faire agréer. On dit de mesme à l'avantage des femmes qui sont avancées dans l'âge, qu'il y a des animaux qui mesprisent les jeunes femelles, et leur préfèrent les vieilles. Aristote l'asseure en ces termes (1) : *Arietes primum vetustiores oves ineunt, novellas enim minus persequuntur.* Pour moi qui me suis assez déclaré là-dessus, devant que j'eusse passé la grande année climactérique, je fais peu de cas de toutes ces observations, et je trouve bien plus considérable la belle et élégante description que nous fait Juvénal, dans sa dixième Satyre,

(1) De hist. anim. l. 5. c. 14.

des imperfections de la vieillesse, qui me font souscrire au mot de Sénèque le Tragique,

Rarum est felix idemque senex.

L'honneur que beaucoup de Nations ont déféré au grand âge, a eu ses raisons : mais comme s'escrie Ausone sur cela,

Quid refert ? Cornix an ideo ante Cygnum?

Les ténèbres sont plus anciennes que la lumière, qui voudroit les luy préférer pour cela ? Je me suis trouvé il y a peu de jours avec un Macrobie si impertinent, qu'il me confirma dans l'opinion où j'ay toujours esté, qu'on peut retourner en enfance par caducité, et devenir comme celuy dont je parle, *Senex bis puer, ter fatuus, quater improbus.* D'ailleurs, il n'y a rien de plus misérable qu'un vieillard, qui n'a rien dont il se puisse vanter, que d'avoir esprouvé une infinité d'adversitez, et de s'estre veu comme il est encore, semblable à la Fourmi de Virgile,

... Inopi metuens Formica senectæ.

ce qui plonge dans une infâme avarice, parce que, selon le dire des Italiens, *quanto più l'uccello è vecchio, tanto più mal volontieri lascia la piuma.* Si le nom de Sénateurs a esté honorable à Rome à cause de leurs longues années, *quod seniores;* et si celuy de Seigneur en France procède d'une mesme origine, il ne faut pas laisser de tomber d'accord, qu'il n'y a que les belles actions, au cas que nous ayons esté assez heureux pour en produire, qui nous puissent rendre dans la vieillesse plus considérables que les jeunes gens. C'est le fondement de ce beau mot d'Ovide escrivant à Livia sur la mort du jeune Drusus son fils :

Acta senem faciunt, hæc numeranda tibi.

Le reste qui accompagne nostre caducité, semble estre plutost digne de compassion qu'autrement.

DIXIÈME SOLILOQUE

Quoi qu'il en soit, nos jours estant comtez au Ciel de toute éternité, selon nostre plus commune croiance, je ne voy pas bien le fondement des honneurs qu'on rend à ceux qui ont veu rouler plus longtems sur leurs testes les sphères d'en-haut, que le reste des autres hommes, non plus que tout ce qui leur arrive; cela dépendant d'un mesme principe, sans qu'ils y aient pu rien contribuer.

Ventidius quid enim, quid Tullius, anne aliud quam
Sidus, et occulti miranda potentia fati (1)?

(1) Juven. sat. 7.

Car toutes nos destinées, dont les Anciens ont tant parlé, dépendoient selon eux des corps supérieurs, et du différent aspect des Astres : ce qu'observent encore aujourd'huy nos faiseurs d'horoscopes, et tous ceux qui déferent aveuglément à l'Astrologie Judiciaire. Or tout est si frivole, et si incertain dans cette prétendue science, que le nombre des Cieux n'y est pas constant, assez de Philosophes aiant présupposé que les Astres y estoient comme les oiseaux en l'air, et les poissons dans l'eau. Il n'y a eu que les Juifs qui aient bien asseuré qu'il y avoit dix Cieux, de sorte qu'en leur langue le Ciel n'a point de singulier, et n'est jamais emploié qu'au pluriel. Selon leurs Rabins les dix courtines du Tabernacle de leur temple, signifioient ces dix Cieux ; et le passage du texte sacré, qui dit, *opera digitorum tuorum sunt cœli*, témoigne que nos deux mains n'aiant que dix doigts, le nombre des Cieux n'est ni moindre, ni plus grand que celui-là. Quant aux Astres, et aux Estoiles, Platon les establit dans son *Épinomis* pour des Dieux visibles, ou du moins pour leurs images que nous devons respecter. L'ordre, selon luy, que les Planètes conservent entre elles, monstre qu'elles sont animées. Et Ovide, conformément à cette opinion commune, n'a pas manqué de mettre ces Animaux au Ciel dans le premier livre de ses Métamorphoses,

Neu regio foret ulla suis animalibus orba,
Astra tenent cœleste solum, formæque Deorum.

Le Soleil estant le principal d'entre eux, Apollon estoit nommé ἐπίσκοπος, ou surveillant, par les Grecs, comme il se peut voir dans Phornutus. Tant y a qu'à cause que les premiers Pères de l'Église déféroient plus à l'Escole de Platon qu'à celle des autres Philosophes, ils admettoient l'animation des Cieux, et des Estoiles; et l'on comte entre les erreurs d'Origène celle d'avoir creu ces mesmes Estoiles capables du vice et de la vertu. Y a-t-il un Art plus ridicule que celuy de la Judiciaire, quoiqu'aient pu faire ses suppos, qui ont toujours tasché de rendre leurs prédictions apparemment véritables par des interprétations qui font pitié à tous ceux qui en considèrent l'absurdité? J'en ai assez produit d'exemples dans quelques écrits imprimez, je veux seulement me remettre ici en mémoire celuy qui regarde le Poëte Eschile. On luy avoit prédit par l'inspection du Ciel qu'il mourroit de la cheute d'une maison, et l'on voulut que la Tortue qui porte toujours sa maison, et qui luy écrasa sa teste chauve, eust esté désignée par la prédiction. Comment l'Astrologie auroit-elle quelque chose de constant, et où l'on se doive arrester, puisque ses Professeurs se contrarient les uns les autres, et bastissent sur des fondemens différens? Le Père Semedo observe que les Chinois qui n'establissent que vingt-huit constellations, ont néansmoins un bien plus grand nombre d'Estoiles que nous n'en reconnoissons. Si est-ce que le Père Adam, Astrologue Roial, y fonde ses jugemens sur les mesmes aphorismes que suivent les Européens. Au fond si le mouvement de la Terre est présupposé, comme le Cardinal Nicolas de Cusa l'a établi (1), et quatre-vingts ans depuis luy Copernic, suivi d'une infinité d'autres; que pouvons-nous recueillir de toutes les maximes des Anciens, qui doive satisfaire un esprit solide au sujet dont nous parlons? Aussi voions-nous que les plus grands hommes se sont repentis d'avoir dé-

(1) *De docta ignor.* l. 2. c. 12.

féré à la vanité de cette profession. Cardan avoue (1) que la connoissance qu'il avoit de l'Astrologie, luy fut fort préjudiciable, parce qu'il croioit suivant ses plus constantes maximes, ne devoir pas vivre plus de quarante ans, et nous sçavons que sa vie a esté de soixante et quinze moins trois jours. Mathieu Paris fait un conte ridicule à ce propos de l'Empereur Fridéric second, qu'entesté de la vanité de cette science trompeuse, il s'abstint la première nuit de ses nopces de toucher sa femme Isabelle, fille d'Angleterre, que le matin ne fust venu, et cela par le conseil de quelques Astrologues, *donec competens hora ei ab Astrologis nunciaretur*. Et Scaliger le père escrit dans sa *Poétique*, que rien ne peut tant fortifier l'opinion impie d'Épicure touchant la création fortuite du monde par le concours et assemblage

(1) Lib. *de Vita propria*, c. 10.

hazardeux des Atomes, que l'inégale et téméraire disposition des Astres sur nos testes, où ils ne font aucune figure ni arrangement qui semble raisonnable. Car les figures qu'on leur fait représenter sont toutes imaginaires, et à peine y voit-on un triangle assez imparfait sous le nom du Delta ou Deltoton, non plus que de ligne bien droite, si vous exceptez celle du baudrier d'Orion, qui multipliée sert à mesurer toute l'étendue du Ciel. Le Chancelier Bacon (1) a fait déjà cette remarque, et que rien ne se meut là-haut par des cercles parfaits. Le mespris ou j'ay toujours esté des prédictions Astrologiques, m'a transporté plus que je ne pensois, adjoustant ceci à ce que j'en ai escrit ailleurs.

(1) De augm. scient. p. 166.

ONZIÈME SOLILOQUE

Ce peu que je viens d'observer touchant la Judiciaire me fait penser à l'opinion que les premiers Philosophes Grecs ont eue de Dieu, et de la Nature, qu'ils ont souvent confondus. Cicéron (1) tient que Straton de Lampsaque ne reconnoissoit que la dernière, puisqu'il n'y avoit point d'effets qu'il ne luy attribuast, sans en rapporter aucun à Dieu, *Lampsacenus Strato omnia effecta Naturæ, nulla Diis tribuebat.* Et mesme cet Orateur Romain appelle ailleurs (2) la raison naturelle, une loi divine et humaine : *Naturæ ratio, quæ est lex divina et humana.* Platon et Aristote

(1) *Qu. Academ.* l. 4.
(2) *De Offic.* l. 3.

ont eu d'autres pensées, et ce dernier remarque au sixième Livre de sa *Métaphysique,* qu'à n'admettre point d'autres substances que les matérielles, selon qu'en usoient ses devanciers, la Physique seroit la première Philosophie, et non pas celle qui suit et est au-delà, ce qui luy a fait donner le nom de Métaphysique. Mais en vérité les deux Mondes de Platon, l'un sensible, et l'autre intelligible où habite la Vérité, sont des viandes bien creuses; de mesme que les nombres qui composoient la Nature selon Pythagore. Les deux matières d'Aristote, l'une sensible aussi, et l'autre intelligible qui enveloppe les Mathématiques, ne sont pas moins chimériques à ceux qui veulent philosopher, aussi bien que naviger seurement, et toujours terre à terre, de peur de s'égarer. Ceux-là s'empescheront toujours d'employer dans la Physique des termes nouveaux et surnaturels, comme quelques-uns ont voulu faire depuis peu. Mais il y a des esprits qui croient n'avoir jamais bien rencontré, si contrariant les autres, ils ne suivent une route différente de la leur; semblables à l'Oiseau Merops qui vole au rebours des autres, avançant toujours vers sa queue : *Merops, avium sola, retrorsus ac versus caudam fertur*, dit Élien dans son histoire des animaux. Ainsi aux choses mesme d'aussi peu de conséquence, que celles dont nous venons de parler sont importantes, on ne trouve que diversité d'opinions. Pline veut que les Oiseaux nous aient enseigné l'usage du gouvernail d'un vaisseau. Sénèque et Possidonius l'attribuent aux Poissons dans le mouvement de leur queue. Et cette inclination naturelle à la nouveauté contentieuse, autant que d'autres raisons morales qu'on pourroit rapporter, ont engendré enfin l'animosité qui s'observe entre quelques Nations, dont je vais dire un mot après ceux qui l'ont observée devant moi. Il y a une antipathie physique, ce semble, entre l'Alleman et le Polonois, le Suédois et le Danois, l'Anglois et l'Escossois, le Galois ou habitant du païs de Gales, et l'Irlandois. Le Portugais ne s'accorde pas mieux avec le Castillan, non plus qu'autrefois le Parisien avec le Norman, et le Génois avec le Vénitien, ou l'Arragonois. Les Arabes sont toujours en différend avec les Abyssins, les Turcs avec les Persans, les Mogoles avec les Jusbegs, les Chinois avec les Japonois, les Moscovites avec les Tartares. Nos anciens Gaulois estoient si haïs des Romains, qu'ils n'exemtoient de la guerre leurs sacrificateurs, que quand il faloit aller au combat contre les Gaulois, *in Gallico tumultu :* ce que Plutarque a remarqué dans la vie de Camillus. Je laisse l'injustice des Historiens d'Italie contre nostre Nation, pour considérer simplement l'impertinence de Pétrarque, d'ailleurs fort à priser, quand il veut que la férocité seule de nos mœurs nous ait imposé le nom de François, *a feritate morum Francos dictos.* Mais quitons un sujet par trop odieux.

DOUZIÈME SOLILOQUE

Cette grande discordance des Nations fait voir entre autres choses, qu'il n'y a point, à le bien prendre, de communes notions parmi les hommes, qui pensent tous si diversement et avec une opiniastreté si voisine de la haine, que Théognis a eu raison d'appeller dès son tems l'Opinion un de nos plus grands maux,

Δόξα μὲν ἀνθρώποισι κακὸν μεγα,
Opinio quidem hominibus magnum malum est.

Je ne sçai point de meilleure résolution à prendre là-dessus, que de suivre le conseil que Saint Paul donne à Timothée, μὴ λογομαχεῖν, de ne contester jamais avec des paroles ordinairement inutiles, et qu'il nomme fort bien κενοφωνιας, *inaniloquia.* A moins de déférer à cet avis salutaire, il n'y a rien de plus tumultueux que nostre vie, parce que tout ce que contient la Nature est sujet à controverse, qui s'étend mesme plus loin dans cette considération d'Aristote (1), *opinabile latius patere quam ens, quia et quod est, et quod non est, opinabile est.* Certes c'est une chose pitoiable de voir d'un œil exemt de prévention, comme chacun prend les choses à sa

(1) *Top.* l. 4. c. 15.

mode, et comme il n'y a presque personne qui n'aime mieux reprendre Dieu, et la Nature, que de reconnoistre ingénuement l'ignorance où il est. J'use de cette pensée après Cicéron au livre cinquième de ses Questions Tusculanes, *rerum naturam, quam errorem nostrum damnare malumus.* Mais quoi, il vaut mieux imiter là-dessus Démocrite, qu'Héraclite, si nous en croions Sénèque (1), à cause que selon luy *humanius est deridere vitam, quam deplorare;* bien qu'il avoue qu'on se peut plus à propos abstenir de l'un et de l'autre. Quoi qu'il en soit, la maxime qu'il establit ailleurs, de tenir toujours pour très-mauvais ce que le peuple approuve, nous est confirmée par le *tolle, tolle, crucifige* des Juifs, qui montre bien que la voix du peuple n'est pas toujours la voix de Dieu; de sorte qu'il

(1) *De Tranq.* . 1. c. 15.

n'y a guères d'âmes philosophiques qui ne disent avec le mesme Sénèque (1), *argumentum pessimi turba est.* L'Orateur Romain que j'ai déjà cité, et que je citerai toujours très-volontiers en de semblables matières, tesmoigne encore ce sentiment en ces termes (2): *Philosophia paucis est contenta judicibus, multitudinem consulto ipsa fugiens, eique ipsi et suspecta et invisa.* C'est une merveille que sa profession d'Éloquence, d'où il retiroit sa principale recommandation, luy ait permis de reconnoistre si franchement cette vérité, parce qu'elle paroist absolument contraire au bien-dire des Orateurs, qui est une faculté populaire, et qui ne vise qu'à obtenir l'approbation d'un grand nombre d'auditeurs. Ce qui m'étonne davantage,

(1) *De vita beata,* c. 2.

(2) *Tusc. qu.* l. 2.

c'est que cela vienne de celuy qui avoit, dès le premier livre de ces *Questions Tusculanes*, voulu prouver l'existence des Dieux, et l'immortalité de nos Ames, par cette considération, qu'une opinion générale peut estre prise pour la propre voix de la Nature, *omnium consensus Naturæ vox est*, n'y aiant rien de plus opposé que le sont ces textes l'un à l'autre, par des axiomes tout-à-fait différens. Il ne faut pas néanmoins le blasmer là-dessus. Le changement d'avis, et la diversité d'opinion selon le sujet qu'on traite, n'est condamnable ni en luy, ni en tous ceux qui philosophant académiquement ne se rendent jamais esclaves de leurs premiers sentimens. Je veux me souvenir en sa faveur de ce que les Anciens faisoient Neptune, sous le nom du Dieu Consus, auteur de tous les bons avis. Or ils donnoient apparemment à entendre par là, que comme la Mer que ce Dieu gouvernoit, change de face à tous momens, il n'estoit pas honteux ni mauvais de prendre des avis différens, selon la diversité des tems et des sujets qui obligent à le faire.

TREZIÈME SOLILOQUE

Entre les choses dont la Noblesse et le Peuple sont le mieux d'accord, c'est d'amasser du bien si faire se peut, et de fuir la pauvreté. Les Philosophes (1) considèrent que la vertu ne s'acquiert pas avec les biens; mais qu'au contraire, c'est assez souvent la vertu qui nous fait obtenir des biens. Et pour le regard de la pauvreté, l'Ecclésiastique ne laisse rien à dire pour l'esvi-

(1) *Arist. Polit.* l. 7. c. 1.

ter, quand il asseure qu'il vaut mieux mourir, que d'y tomber: *Fili, in tempore viæ tuæ ne indigeas, melius est enim mori, quam indigere.* C'est pourquoi nous voions que tout le monde veut devenir riche en quelque manière que ce soit,

Unde habeat quærit nemo, sed oportet habere.

L'homme le plus vertueux, le mieux sensé, et de la plus haute extraction, s'il est mal vestu, et que ses habits soient percez au coude, n'oseroit parler en bonne compagnie, au péril qu'il courroit d'estre moqué au mesme tems qu'on applaudit aux discours impertinens d'un fat, qui a les rieurs de son costé, parce qu'il s'est richement paré.

Et genus, et virtus, nisi cum re vilior alga est (1).

Car cette *Res* des Latins qui se trouve dans l'opulance, donne des amis

(1) Horat. l. 1. Sat. 6.

et des fauteurs partout, *Res amicos invenit*, comme le fait si à-propos remarquer ce vieillard Antipho dans le *Stichon* de Plaute (1). C'est ici un lieu trop commun parmi les sçavans, et trop facile à estre amplifié, pour s'y arrester davantage. Mais il n'a pas esté moins aisé, à ceux qui l'ont voulu contredire, de prendre le parti, sinon d'une extrême indigence, au moins d'une tolérable et honneste pauvreté. *Culmen liberos tegit*, ont-ils dit après Sénèque, *sub marmore atque auro servitus habitat*. Un peu de nécessité aiguise l'esprit; elle a ses gaietez plus parfaites souvent, et plus fidelles, que ne les a l'abondance. Et Dieu soit loué qu'il y ait des jours dans la vie, où le riche porte envie à la condition du pauvre! En vérité quelqu'un n'a pas mal rencontré d'es-

(1) Act. 4. sc. 1.

crire, qu'on voit la pluspart des grands richars tenir dans leurs coffres le rachat des captifs, la liberté des prisonniers, la santé des malades, la joie des affligez, et la vie des languissans, sans qu'on puisse reprocher une telle malédiction à ceux que la Fortune a moins favorisez. Je me trompe de parler ainsi de cette Déesse aveugle. Le Bien, la Noblesse, et la Science mesme, sont des dons du Ciel, qui les jette parfois, dit Epictète, comme l'on fait des noix et des figues aux enfans, sans qu'il faille se battre comme eux à qui en aura le plus, quoiqu'il soit permis de s'en prévaloir quand ils se présentent à vous, et qu'on le peut faire civilement. En effet le Chef des Gymnosophistes Mandanis ne pouvoit prononcer un plus bel axiome, que celuy que nous lisons de luy dans Strabon, qu'il n'y a point de maison plus à estimer, que celle qui se contente de peu, se passant de ce dont les autres abondent. Car on peut soustenir qu'il est mesme parfois avantageux, de diminuer ses richesses, pour devenir plus riche, et d'imiter le bon vigneron, qui coupe la vigne pour la faire mieux produire. La pensée de Pline est excellente là-dessus dans la Préface du quatorzième Livre de son *Histoire naturelle*, que les Sciences et les Arts Libéraux sont tombez de la liberté qui leur avoit donné le nom, dans la servitude, en ce qu'autrefois les plus accommodez des biens de Fortune, se plaisoient à cultiver leurs esprits, chose que l'opulence a depuis empeschée, *rerum amplitudo damno fuit*. Car il est arrivé que les hommes seuls qui se sont veus réduits à la pauvreté et à la servitude, ont fait valoir les Arts et les Sciences, parce qu'ils n'avoient que ce seul moyen pour se faire considérer, et pour subsister :

Quadam sterilitate fortunæ necesse erat animi bona exercere. C'est ainsi que parle Pline, et qu'on balance toutes choses.

Rogatus Antisthenes quidnam ex philosophia lucratus esset, mecum, ait, colloqui posse, τὸ δύνασται ἑαυτῷ ὁμιλεῖν.

Qui plura novit, eum majora sequuntur dubia. Arist.

Extrait du Privilége

Par Lettres de Privilége du Roy, en datte du 9 Mars 1651, signées Conrart, il est permis à Monsieur de la Mothe le Vayer, Conseiller du Roy en ses Conseils, de faire imprimer, vendre, et débiter *tous les Traitez, Lettres, Opuscules, et autres pièces de sa composition*, par tel Imprimeur ou Libraire qu'il voudra choisir, conjointement ou séparément, en un ou plusieurs volumes, en telles marges, en tels caractères, et autant de fois que bon luy semblera, durant l'espace de vingt ans : Et défenses sont faites à toutes personnes, d'imprimer, vendre, ni débiter aucun de ces Traitez, et Opuscules, sans son consentement, ou de ceux qui auront droit de luy, sur peine de trois mille livres d'amende, et autre plus grande, ainsi qu'il est plus amplement spécifié par lesdites Lettres.

Achevé d'imprimer

SUR LES PRESSES DE MOTTEROZ

TYPOGRAPHE

A PARIS, RUE DU DRAGON, 31

Le 29 Janvier 1875

EN VENTE A LA MÊME ADRESSE

LA CONFÉRENCE ENTRE LUTHER ET LE DIABLE au sujet de la Messe, racontée par LUTHER lui-même; traduction nouvelle en regard du texte Latin par Isidore Liseux, avec les remarques et annotations des abbés de Cordemoy et Lenglet-Dufresnoy; frontispice gravé à l'eau-forte. *In-18 carré, papier fort de Hollande, caractères Elzéviriens*. 4 fr.

LA FOIRE DE FRANCFORT [Exposition universelle et permanente au XVIe siècle], par HENRI ESTIENNE. Traduit en Français pour la première fois sur l'édition originale de 1574, par Isidore Liseux; texte Latin en regard. *In-18 carré, papier fort de Hollande, caractères Elzéviriens*. . . . . . 4 fr.

RAPPORT SUR LA BIBLIOGRAPHIE, présenté à la Convention Nationale le 22 Germinal an II (1794), par GRÉGOIRE, Évêque constitutionnel de Blois, Député à la Convention. *In-8 couronne, papier fort de Hollande, caractères Elzéviriens*. . . . . 2 fr. 50

SOUS PRESSE :

DE LA DÉMONIALITÉ [*De Dæmonialitate*]. Ouvrage entièrement inédit, composé au XVIIe siècle par le R. P. Louis Marie d'AMENO, publié d'après le Manuscrit original récemment découvert et traduit du Latin, par Isidore Liseux. *In-8 écu, papier de Hollande teinté, caractères Elzéviriens, frontispice gravé à l'eau-forte.*

Paris. — Typographie Motteroz, 31, rue du Dragon.

www.ingramcontent.com/pod-product-compliance
Ingram Content Group UK Ltd.
Pitfield, Milton Keynes, MK11 3LW, UK
UKHW031942260826
14628UKWH00004B/1800

9 782019 131234